"No hay hombres malos…

si se cocinan bien"

Melissa Rice

Tu libro de cocina personal vale más que un libro de 1001 recetas, su pasión por la cocina merece su propio libro.

Aquí puedes mantener vivas tus mejores creaciones o simplemente transcribir tus platos favoritos.

Las recetas de mamá y de la abuela estarán por fin a salvo y al alcance de la sartén!

Este diario es más que una simple carpeta, también es una gran idea para regalar a tus seres queridos.

Te doy esta tabla de conversión para que te familiarices con las cantidades y las diferentes unidades de medida.
Si eres principiante, no tengas miedo, usarás los mismos.

US CUP	US Onces	LITERS	TBSP	WEIGHT	°C	°F
1 / 16	0,5 Oz	14 ml	1 tbsp	14 g	0 °c	32 °F
1 / 8	1 Oz	29 ml	2 tbsp	28 g	20 °c	68 °F
1 / 4	2 Oz	59 ml	4 tbsp	57 g	100 °c	212 °F
1 / 3	2,6 Oz	77 ml	5,2 tbsp	74 g	130 °c	266 °F
3 / 8	3 Oz	89 ml	6 tbsp	85 g	140 °c	284 °F
1 / 2	4 Oz	118 ml	8 tbsp	113 g	150 °c	302 °F
2 / 3	5,4 Oz	160 ml	10,8 tbsp	154 g	160 °c	320 °F
3 / 4	6 Oz	177 ml	12 tbsp	170 g	170 °c	338 °F
1	8 Oz	237 ml	16 tbsp	227 g	180°c	356 °F
2	16 Oz	473 ml	32 tbsp	454 g	190°c	374 °F
3	24 Oz	710 ml	48 tbsp	680 g	200°c	392 °F
4	32 Oz	946 ml	64 tbsp	907 g	210°c	410 °F
5	40 Oz	1183 ml	80 tbsp	1134 g	220°c	428 °F
6	48 Oz	1,42 l	96 tbsp	1,36 Kg	230°c	446 °F
7	57 Oz	1,69 l	114 tbsp	1,62 Kg	240°c	464 °F
8	64 Oz	1,89 l	128 tbsp	1,84 kg	250°c	482 °F

Resumen de recetas:

1..
2..
3..
4..
5..
6..
7..
8..
9..
10..
11..
12..
13..
14..
15..
16..
17..
18..
19..
20..
21..
22..

23..
24..
25..
26..
27..
28..
29..
30..
31..
32..
33..
34..
35..
36..
37..
38..
39..
40..
41..
42..
43..
44..

45.. 70..

46.. 71..

47.. 72..

48.. 73..

49.. 74..

50.. 75..

51.. 76..

52.. 77..

53.. 78..

54.. 79..

55.. 80..

56.. 81..

57.. 82..

58.. 83..

59.. 84..

60.. 85..

61.. 86..

62.. 87..

63.. 88..

64.. 89..

65.. 90..

66.. 91..

67.. 92..

68.. 93..

69.. 94..

Receta 1 : ————————————————————— 🕐 ———

Gente	Vota	Dificultad	Notas
——	☆☆☆☆☆	**1 2 3 4 5**	

Ingredientes

Preparación

Direcciones

Receta 2 :

Gente **Vota** **Dificultad** **Notas**

—— ☆☆☆☆☆ **1 2 3 4 5** _____

_____

_____

Ingredientes

_____ _____ _____
_____ _____ _____
_____ _____ _____
_____ _____ _____
_____ _____ _____

Preparación   ## Direcciones

_____   _____
_____   _____
_____   _____
_____   _____
_____   _____
_____   _____
_____   _____
_____   _____
_____   _____
_____   _____
_____   _____

Receta 3 : ————————————— 🕐 ———

Gente	Vota	Dificultad	Notas

—— ☆☆☆☆☆ **1 2 3 4 5**

————————————
————————————
————————————

🍪 Ingredientes 🥄

————————— | ————————— | ————————— | —————————
————————— | ————————— | ————————— | —————————
————————— | ————————— | ————————— | —————————
————————— | ————————— | ————————— | —————————
————————— | ————————— | ————————— | —————————

🔔 Preparación   🍴 Direcciones

Receta 4 :

Gente **Vota** **Dificultad** **Notas**

—— ☆☆☆☆☆ **1 2 3 4 5**

Ingredientes

_____ _____ | _____ _____ | _____
_____ _____ | _____ _____ | _____
_____ _____ | _____ _____ | _____
_____ _____ | _____ _____ | _____

Preparación   Direcciones

Receta 5 : ———————————————————— 🕐 ———

Gente	Vota	Dificultad	Notas

—— ☆☆☆☆☆ **1 2 3 4 5** _____

_____

_____

🖐️ Ingredientes 🥄

_____ _____ | _____ _____ | _____ _____

_____ _____ | _____ _____ | _____ _____

_____ _____ | _____ _____ | _____ _____

_____ _____ | _____ _____ | _____ _____

_____ _____ | _____ _____ | _____ _____

🔪 Preparación   🍴 Direcciones

Receta 6 : ———————————— 🕐 ———

Gente	Vota	Dificultad	Notas

—— ☆☆☆☆☆   **1 2 3 4 5**   _____

_____

_____

🤚 Ingredientes 🥄

_____ _____ _____

_____ _____ _____

_____ _____ _____

_____ _____ _____

_____ _____ _____

🔪 Preparación   🍴 Direcciones

_____   _____

_____   _____

_____   _____

_____   _____

_____   _____

_____   _____

_____   _____

_____   _____

_____   _____

_____   _____

Receta 7 :

Gente   **Vota**   **Dificultad**   **Notas**

———   ☆☆☆☆☆   **1 2 3 4 5**   _____

_____

_____

Ingredientes

_____ _____ | _____ _____ | _____ _____
_____ _____ | _____ _____ | _____ _____
_____ _____ | _____ _____ | _____ _____
_____ _____ | _____ _____ | _____ _____
_____ _____ | _____ _____ | _____ _____

Preparación   ## Direcciones

Receta 8 : ———————————— 🕐 ————

Gente	Vota	Dificultad	Notas

—— ☆☆☆☆☆ **1 2 3 4 5**

_____

_____

_____

🖐 Ingredientes 🥄

_____ _____ _____ _____ _____

_____ _____ _____ _____ _____

_____ _____ _____ _____ _____

_____ _____ _____ _____ _____

🔔 Preparación   🍴 Direcciones

_____   _____

_____   _____

_____   _____

_____   _____

_____   _____

_____   _____

_____   _____

_____   _____

_____   _____

_____   _____

Receta 9 :

Gente   **Vota**   **Dificultad**   **Notas**

———   ☆☆☆☆☆   **1 2 3 4 5**   _____
                                     _____
                                     _____

Ingredientes

_____ ____|_____|_____
_____ ____|_____|_____
_____ ____|_____|_____
_____ ____|_____|_____
_____ ____|_____|_____

Preparación   ## Direcciones

_____|_____
_____|_____
_____|_____
_____|_____
_____|_____
_____|_____
_____|_____
_____|_____
_____|_____
_____|_____
_____|_____
_____|_____

Receta 10 : ———————————————— 🕐 ——

Gente	Vota	Dificultad	Notas

——— ☆☆☆☆☆ **1 2 3 4 5** _____

_____

_____

🖐 Ingredientes 🥄

_____ _____ | _____ _____ | _____
_____ _____ | _____ _____ | _____
_____ _____ | _____ _____ | _____
_____ _____ | _____ _____ | _____
_____ _____ | _____ _____ | _____

🔪 Preparación   🍴 Direcciones

_____ | _____
_____ | _____
_____ | _____
_____ | _____
_____ | _____
_____ | _____
_____ | _____
_____ | _____
_____ | _____

Receta 11 : —————————————— 🕐 ——

Gente	Vota	Dificultad	Notas

—— ☆☆☆☆☆　　1　2　3　4　5　——————————

————————————

————————————

🥄 Ingredientes 🥄

——————— ——　———————— ————　———————— ————

——————— ——　———————— ————　———————— ————

——————— ——　———————— ————　———————— ————

——————— ——　———————— ————　———————— ————

——————— ——　———————— ————　———————— ————

🧴 Preparación　　　🍴 Direcciones

———————————　————————————

———————————　————————————

———————————　————————————

———————————　————————————

———————————　————————————

———————————　————————————

———————————　————————————

———————————　————————————

———————————　————————————

———————————　————————————

———————————　————————————

Receta 12 : ——————————— 🕐 ———

Gente	Vota	Dificultad	Notas
——	☆☆☆☆☆	1 2 3 4 5	

🥄 Ingredientes 🥄

————————— | —————————
————————— | —————————
————————— | —————————
————————— | —————————

🔪 Preparación   🍴 Direcciones

Receta 13 : ————————— 🕐 —————

Gente	Vota	Dificultad	Notas

☆☆☆☆☆   **1 2 3 4 5**

—————————————
—————————————
—————————————

🥄 Ingredientes 🥄

————————— ————————— —————————
————————— ————————— —————————
————————— ————————— —————————
————————— ————————— —————————
————————— ————————— —————————

🔔 Preparación   🍴 Direcciones

——————————————— | ———————————————
——————————————— | ———————————————
——————————————— | ———————————————
——————————————— | ———————————————
——————————————— | ———————————————
——————————————— | ———————————————
——————————————— | ———————————————
——————————————— | ———————————————
——————————————— | ———————————————
——————————————— | ———————————————

Receta 14 : ———————— 🕐 ————

Gente	Vota	Dificultad	Notas

—— ☆☆☆☆☆ **1 2 3 4 5** ——————

—————————

—————————

Ingredientes

—————————— | ——————————— | ———————————

—————————— | ——————————— | ———————————

—————————— | ——————————— | ———————————

—————————— | ——————————— | ———————————

—————————— | ——————————— | ———————————

Preparación · Direcciones

Receta 15 : ——————————————— 🕐 ———

Gente	Vota	Dificultad	Notas

—— ☆☆☆☆☆ **1 2 3 4 5** _____

_____

_____

🫓 Ingredientes 🥄

_____ ___ | _____ ___ | _____ ___
_____ ___ | _____ ___ | _____ ___
_____ ___ | _____ ___ | _____ ___
_____ ___ | _____ ___ | _____ ___
_____ ___ | _____ ___ | _____ ___

🥖 Preparación   🍴 Direcciones

_____ | _____
_____ | _____
_____ | _____
_____ | _____
_____ | _____
_____ | _____
_____ | _____
_____ | _____
_____ | _____

Receta 16 : ————————————— 🕐 ———

Gente	Vota	Dificultad	Notas

—— ☆☆☆☆☆   **1 2 3 4 5**

_____
_____
_____

🍲 Ingredientes 🥄

_____ _____ _____
_____ _____ _____
_____ _____ _____
_____ _____ _____
_____ _____ _____

🔔 Preparación   ## 🍴 Direcciones

_____ _____
_____ _____
_____ _____
_____ _____
_____ _____
_____ _____
_____ _____
_____ _____
_____ _____

Receta 17 : ————————————— 🕐 ———

Gente	Vota	Dificultad	Notas

—— ☆☆☆☆☆ **1 2 3 4 5** _____

_____

_____

🖐️ Ingredientes 🥄

_____ ____ | _____ ____ | _____ ____

_____ ____ | _____ ____ | _____ ____

_____ ____ | _____ ____ | _____ ____

_____ ____ | _____ ____ | _____ ____

_____ ____ | _____ ____ | _____ ____

🖌️ Preparación   🍴 Direcciones

_____ | _____

_____ | _____

_____ | _____

_____ | _____

_____ | _____

_____ | _____

_____ | _____

_____ | _____

_____ | _____

_____ | _____

_____ | _____

Receta 18 :———————————————— 🕐 ———

Gente	Vota	Dificultad	Notas

—— ☆☆☆☆☆   **1 2 3 4 5**   _____

_____

_____

🖐️ **Ingredientes** 🥄

_____ _____ _____ _____

_____ _____ _____ _____

_____ _____ _____ _____

_____ _____ _____ _____

_____ _____ _____ _____

🍳 **Preparación**   🍴 **Direcciones**

_____   _____

_____   _____

_____   _____

_____   _____

_____   _____

_____   _____

_____   _____

_____   _____

_____   _____

_____   _____

Receta 19 : —————————————————— 🕐 ———

Gente	Vota	Dificultad	Notas

—— ☆☆☆☆☆ **1 2 3 4 5** ———————
———————
———————

🤲 Ingredientes 🥄

—————— | —————— | —————— | ——————
—————— | —————— | —————— | ——————
—————— | —————— | —————— | ——————
—————— | —————— | —————— | ——————
—————— | —————— | —————— | ——————

🔪 Preparación   🍴 Direcciones

Receta 20 :———————————— 🕐 ——————

Gente	Vota	Dificultad	Notas

——— ☆☆☆☆☆ **1 2 3 4 5**

_____

_____

_____

🖐️ Ingredientes 🥄

_____ _____ | _____ _____ | _____

_____ _____ | _____ _____ | _____

_____ _____ | _____ _____ | _____

_____ _____ | _____ _____ | _____

_____ _____ | _____ _____ | _____

🔪 Preparación   🍴 Direcciones

_____   _____

_____   _____

_____   _____

_____   _____

_____   _____

_____   _____

_____   _____

_____   _____

_____   _____

_____   _____

_____   _____

Receta 21 : ———————————————— 🕐 ——

Gente	Vota	Dificultad	Notas

—— ☆☆☆☆☆   **1 2 3 4 5**

_____

_____

_____

🖐 Ingredientes 🥄

_____ _____ _____

_____ _____ _____

_____ _____ _____

_____ _____ _____

_____ _____ _____

🧴 Preparación   🍴 Direcciones

Receta 22 : ———————————— 🕐 ——

Gente	Vota	Dificultad	Notas

—— ☆☆☆☆☆   **1 2 3 4 5** _____

_____

_____

🖐️ Ingredientes 🥄

_____ _____ | _____ _____ | _____

_____ _____ | _____ _____ | _____

_____ _____ | _____ _____ | _____

_____ _____ | _____ _____ | _____

_____ _____ | _____ _____ | _____

🔪 Preparación   🍴 Direcciones

_____ | _____

_____ | _____

_____ | _____

_____ | _____

_____ | _____

_____ | _____

_____ | _____

_____ | _____

_____ | _____

_____ | _____

Receta 23 : ———————————————————

——   ☆☆☆☆☆   1 2 3 4 5

Ingredientes

_____ | _____ | _____
_____ | _____ | _____
_____ | _____ | _____
_____ | _____ | _____
_____ | _____ | _____

Preparación   Direcciones

Receta 24 : ———————————— 🕐 ——

| Gente | Vota | Dificultad | Notas |

—— ☆☆☆☆☆ **1 2 3 4 5**

————————————————
————————————————
————————————————

🖐 Ingredientes 🥄

————— ————— | ———————— ————— | ——————————
————— ————— | ———————— ————— | ——————————
————— ————— | ———————— ————— | ——————————
————— ————— | ———————— ————— | ——————————
————— ————— | ———————— ————— | ——————————

🔔 Preparación   🍴 Direcciones

————————————— | —————————————
————————————— | —————————————
————————————— | —————————————
————————————— | —————————————
————————————— | —————————————
————————————— | —————————————
————————————— | —————————————
————————————— | —————————————
————————————— | —————————————
————————————— | —————————————

Receta 25 : ———————————————— 🕐 ——

Gente	Vota	Dificultad	Notas

—— ☆☆☆☆☆ **1 2 3 4 5** ————————

————————

————————

🍚 Ingredientes 🥄

———————— | ———————— | ————————

———————— | ———————— | ————————

———————— | ———————— | ————————

———————— | ———————— | ————————

———————— | ———————— | ————————

🔪 Preparación   🍴 Direcciones

Receta 26 :

🕐

Gente	Vota	Dificultad	Notas

_____ ☆☆☆☆☆ **1 2 3 4 5**

_____

_____

_____

Ingredientes

_____ | _____ | _____

_____ | _____ | _____

_____ | _____ | _____

_____ | _____ | _____

Preparación   ## Direcciones

_____ | _____

_____ | _____

_____ | _____

_____ | _____

_____ | _____

_____ | _____

_____ | _____

_____ | _____

_____ | _____

Receta 27 : ———————————— 🕐 ——

Gente	Vota	Dificultad	Notas

—— ☆☆☆☆☆ **1 2 3 4 5** ———————————

🥘 Ingredientes 🥄

———————— | ———————— | ———————— | ————————
———————— | ———————— | ———————— | ————————
———————— | ———————— | ———————— | ————————
———————— | ———————— | ———————— | ————————
———————— | ———————— | ———————— | ————————

🏷️ Preparación   🍴 Direcciones

Receta 28 :———————————————— 🕐 ———

Gente	Vota	Dificultad	Notas

—— ☆☆☆☆☆   **1 2 3 4 5**   ——————————
—————————————
—————————————

🖐 Ingredientes 🥄

———————— ———————— | ———————— ———————— | ———————— ————————
———————— ———————— | ———————— ———————— | ———————— ————————
———————— ———————— | ———————— ———————— | ———————— ————————
———————— ———————— | ———————— ———————— | ———————— ————————

🏷 Preparación   🍴 Direcciones

——————————————— | ———————————————
——————————————— | ———————————————
——————————————— | ———————————————
——————————————— | ———————————————
——————————————— | ———————————————
——————————————— | ———————————————
——————————————— | ———————————————
——————————————— | ———————————————
——————————————— | ———————————————

Receta 29 : ———————————— 🕐 ————

Gente	Vota	Dificultad	Notas

—— ☆☆☆☆☆ **1 2 3 4 5** _____

_____

_____

🖐️ Ingredientes 🥄

_____ _____ _____

_____ _____ _____

_____ _____ _____

_____ _____ _____

_____ _____ _____

🔪 Preparación   🍴 Direcciones

_____ _____

_____ _____

_____ _____

_____ _____

_____ _____

_____ _____

_____ _____

_____ _____

_____ _____

_____ _____

_____ _____

Receta 30 :

———— ☆☆☆☆☆   **1 2 3 4 5**

Ingredientes

Preparación

Direcciones

Receta 31 : ⊕

Gente	Vota	Dificultad	Notas
———	☆☆☆☆☆	1 2 3 4 5	_____

Ingredientes

_____   _____   _____
_____   _____   _____
_____   _____   _____
_____   _____   _____
_____   _____   _____

Preparación

Direcciones

Receta 32 : ——————————————— 🕐 ——

Gente	Vota	Dificultad		Notas
———	☆☆☆☆☆	1 2 3 4 5		———————

🤲 Ingredientes 🥄

————————— | ————————— | —————————
————————— | ————————— | —————————
————————— | ————————— | —————————
————————— | ————————— | —————————
————————— | ————————— | —————————

🥄 Preparación   🍴 Direcciones

Receta 33 : —————————————————— 🕐 ——

Gente	Vota	Dificultad	Notas

—— ☆☆☆☆☆ **1 2 3 4 5** _____

_____

_____

🖐 Ingredientes 🥄

_____ _____ _____ _____ _____ _____

_____ _____ _____ _____ _____ _____

_____ _____ _____ _____ _____ _____

_____ _____ _____ _____ _____ _____

_____ _____ _____ _____ _____ _____

🔔 Preparación   🍴 Direcciones

_____   _____

_____   _____

_____   _____

_____   _____

_____   _____

_____   _____

_____   _____

_____   _____

_____   _____

_____   _____

Receta 34 : ————————————— 🕐 ———

Gente	Vota	Dificultad	Notas

—— ☆☆☆☆☆ **1 2 3 4 5**

_____

_____

_____

🫴 Ingredientes 🥄

_____ | _____ | _____

_____ | _____ | _____

_____ | _____ | _____

_____ | _____ | _____

_____ | _____ | _____

🔪 Preparación   🍴 Direcciones

_____ | _____

_____ | _____

_____ | _____

_____ | _____

_____ | _____

_____ | _____

_____ | _____

_____ | _____

_____ | _____

_____ | _____

_____ | _____

Receta 35 : ———————————————— 🕐 ———

Gente	Vota	Dificultad	Notas

—— ☆☆☆☆☆   **1 2 3 4 5**

_____
_____
_____

🥘 Ingredientes 🥄

_____ ___ _____ ___ _____ ___
_____ ___ _____ ___ _____ ___
_____ ___ _____ ___ _____ ___
_____ ___ _____ ___ _____ ___
_____ ___ _____ ___ _____ ___

🔪 Preparación   🍴 Direcciones

_____ _____
_____ _____
_____ _____
_____ _____
_____ _____
_____ _____
_____ _____
_____ _____
_____ _____
_____ _____

Receta 36 : ———————————— 🕐 ———

Gente	Vota	Dificultad	Notas

—— ☆☆☆☆☆ **1 2 3 4 5** _____

_____

_____

🥗 Ingredientes 🥄

_____ _____ _____ _____

_____ _____ _____ _____

_____ _____ _____ _____

_____ _____ _____ _____

_____ _____ _____ _____

🔔 Preparación   🍴 Direcciones

_____   _____

_____   _____

_____   _____

_____   _____

_____   _____

_____   _____

_____   _____

_____   _____

_____   _____

_____   _____

Receta 37 : —————————— 🕐 ——

| Gente | Vota | Dificultad | Notas |

☆☆☆☆☆   **1 2 3 4 5**

🤲 Ingredientes 🥄

🧹 Preparación   🍴 Direcciones

Receta 38 : ———————————— 🕐 ———

| Gente | Vota | Dificultad | Notas |

——— ☆☆☆☆☆ **1 2 3 4 5**

———————————————
———————————————
———————————————

🖐️ Ingredientes 🥄

—————— —————— —————— —————— ——————
—————— —————— —————— —————— ——————
—————— —————— —————— —————— ——————
—————— —————— —————— —————— ——————
—————— —————— —————— —————— ——————

🏷️ Preparación   ## 🍴 Direcciones

————————————————   ————————————————
————————————————   ————————————————
————————————————   ————————————————
————————————————   ————————————————
————————————————   ————————————————
————————————————   ————————————————
————————————————   ————————————————
————————————————   ————————————————
————————————————   ————————————————

Receta 39 :

Gente   Vota   Dificultad   Notas

☆☆☆☆☆   **1 2 3 4 5**

Ingredientes

Preparación

Direcciones

Receta 40 : ———————————————— 🕐 ———

Gente	Vota	Dificultad	Notas

————— ☆☆☆☆☆ **1 2 3 4 5** ————————————
————————————
————————————

Ingredientes

———————————— | ———————————— | ————————————
———————————— | ———————————— | ————————————
———————————— | ———————————— | ————————————
———————————— | ———————————— | ————————————
———————————— | ———————————— | ————————————

Preparación   **Direcciones**

————————————————— | —————————————————
————————————————— | —————————————————
————————————————— | —————————————————
————————————————— | —————————————————
————————————————— | —————————————————
————————————————— | —————————————————
————————————————— | —————————————————
————————————————— | —————————————————
————————————————— | —————————————————
————————————————— | —————————————————

Receta 41 : ————————————————————— 🕐 ——

Gente	Vota	Dificultad	Notas

—— ☆☆☆☆☆ **1 2 3 4 5**

————————————
————————————
————————————

🤲 Ingredientes 🥄

———————————— ———————————— ————————————
———————————— ———————————— ————————————
———————————— ———————————— ————————————
———————————— ———————————— ————————————
———————————— ———————————— ————————————

🏷️ Preparación   ## 🍴 Direcciones

Receta 42 :

Gente   **Vota**   **Dificultad**   **Notas**

——   ☆☆☆☆☆   **1 2 3 4 5**

Ingredientes

Preparación

Direcciones

Receta 43 : ————————————————— 🕐 ———

Gente	Vota	Dificultad	Notas

—— ☆☆☆☆☆ **1 2 3 4 5** _____

_____

_____

🖐️ Ingredientes 🥄

_____ _____ _____

_____ _____ _____

_____ _____ _____

_____ _____ _____

_____ _____ _____

🔪 Preparación   🍴 Direcciones

Receta 44 : ———————————————— 🕐 ———

Gente	Vota	Dificultad	Notas

—— ☆☆☆☆☆ **1 2 3 4 5**

_____
_____
_____

🖐️ Ingredientes 🥄

_____ _____ _____ _____
_____ _____ _____ _____
_____ _____ _____ _____
_____ _____ _____ _____
_____ _____ _____ _____

🔔 Preparación   🍴 Direcciones

_____   _____
_____   _____
_____   _____
_____   _____
_____   _____
_____   _____
_____   _____
_____   _____
_____   _____
_____   _____

Receta 45 : ————————————————— 🕐 ———

Gente	Vota	Dificultad	Notas

——— ☆☆☆☆☆ **1 2 3 4 5** ————————
————————
————————

🫴 Ingredientes 🥄

————————— | —————————— | —————————
————————— | —————————— | —————————
————————— | —————————— | —————————
————————— | —————————— | —————————
————————— | —————————— | —————————

🔔 Preparación   🍴 Direcciones

_____ | _____
_____ | _____
_____ | _____
_____ | _____
_____ | _____
_____ | _____
_____ | _____
_____ | _____
_____ | _____
_____ | _____
_____ | _____
_____ | _____

Receta 46 : —————————— 🕐 ——

Gente	Vota	Dificultad	Notas

—— ☆☆☆☆☆ **1 2 3 4 5** ——————

🫴 **Ingredientes** 🥄

_____ _____ | _____ _____ | _____ _____

_____ _____ | _____ _____ | _____ _____

_____ _____ | _____ _____ | _____ _____

_____ _____ | _____ _____ | _____ _____

🧴 **Preparación**   🍴 **Direcciones**

Receta 47 : ⏰ ───

Gente	Vota	Dificultad	Notas

───── ☆☆☆☆☆ **1 2 3 4 5**

Ingredientes

Preparación

Direcciones

Receta 48 : ————————————— 🕐 —————

Gente	Vota	Dificultad	Notas

—— ☆☆☆☆☆ **1 2 3 4 5** ———————

———————

———————

🫴 Ingredientes 🥄

———————— | ———————— | ————————

———————— | ———————— | ————————

———————— | ———————— | ————————

———————— | ———————— | ————————

———————— | ———————— | ————————

🔪 Preparación   🍴 Direcciones

———————————— | ————————————

———————————— | ————————————

———————————— | ————————————

———————————— | ————————————

———————————— | ————————————

———————————— | ————————————

———————————— | ————————————

———————————— | ————————————

———————————— | ————————————

———————————— | ————————————

Receta 49 : ———————————————— 🕐 ——

Gente	Vota	Dificultad	Notas

—— ☆☆☆☆☆ **1 2 3 4 5**

_____

_____

_____

🍲 Ingredientes 🥄

_____ _____ _____ _____

_____ _____ _____ _____

_____ _____ _____ _____

_____ _____ _____ _____

_____ _____ _____ _____

🔪 Preparación   🍴 Direcciones

_____   _____

_____   _____

_____   _____

_____   _____

_____   _____

_____   _____

_____   _____

_____   _____

_____   _____

_____   _____

Receta 50 :———————————— 🕐 ————

Gente	Vota	Dificultad	Notas

—— ☆☆☆☆☆   **1 2 3 4 5**   _____

_____

_____

🫳 Ingredientes 🥄

_____ _____ | _____ _____ | _____ _____

_____ _____ | _____ _____ | _____ _____

_____ _____ | _____ _____ | _____ _____

_____ _____ | _____ _____ | _____ _____

🍶 Preparación   🍴 Direcciones

_____ | _____

_____ | _____

_____ | _____

_____ | _____

_____ | _____

_____ | _____

_____ | _____

_____ | _____

_____ | _____

Receta 51 : ———————————— 🕐 ———

Gente	Vota	Dificultad	Notas

—— ☆☆☆☆☆ **1 2 3 4 5**

_____

_____

_____

🥘 Ingredientes 🥄

_____ _____ _____

_____ _____ _____

_____ _____ _____

_____ _____ _____

_____ _____ _____

🔪 Preparación   🍴 Direcciones

_____ _____

_____ _____

_____ _____

_____ _____

_____ _____

_____ _____

_____ _____

_____ _____

_____ _____

_____ _____

_____ _____

Receta 52 : —————————————————— 🕐 ———

Gente	Vota	Dificultad	Notas

—— ☆☆☆☆☆ **1 2 3 4 5**

_____

_____

_____

🖐️ Ingredientes 🥄

_____ _____ _____ _____

_____ _____ _____ _____

_____ _____ _____ _____

_____ _____ _____ _____

_____ _____ _____ _____

🔪 Preparación   🍴 Direcciones

_____ _____

_____ _____

_____ _____

_____ _____

_____ _____

_____ _____

_____ _____

_____ _____

_____ _____

_____ _____

Receta 53 : ———————————————— 🕐 ————

Gente	Vota	Dificultad	Notas

— ☆☆☆☆☆ **1 2 3 4 5** _____

_____

_____

🖐 Ingredientes 🥄

_____ _____ | _____ | _____ _____

_____ _____ | _____ | _____ _____

_____ _____ | _____ | _____ _____

_____ _____ | _____ | _____ _____

🏷 Preparación   🍴 Direcciones

Receta 54 : —————————————————— 🕐 ———

Gente	Vota	Dificultad	Notas

—— ☆☆☆☆☆ **1 2 3 4 5**

————————————————
————————————————
————————————————

🖐️ Ingredientes 🥄

——————— ——— | ——————— ——— | ———————
——————— ——— | ——————— ——— | ———————
——————— ——— | ——————— ——— | ———————
——————— ——— | ——————— ——— | ———————

🔔 Preparación   🍴 Direcciones

——————————— | ———————————
——————————— | ———————————
——————————— | ———————————
——————————— | ———————————
——————————— | ———————————
——————————— | ———————————
——————————— | ———————————
——————————— | ———————————
——————————— | ———————————

Receta 55 : ———————————————————— 🕐 ——

Gente	Vota	Dificultad	Notas

—— ☆☆☆☆☆ **1 2 3 4 5** ————————————

————————————

————————————

🤎 Ingredientes 🥄

————————— ——— | ——————— ——— | ———————————

————————— ——— | ——————— ——— | ———————————

————————— ——— | ——————— ——— | ———————————

————————— ——— | ——————— ——— | ———————————

————————— ——— | ——————— ——— | ———————————

🔪 Preparación   🍴 Direcciones

————————————————— | —————————————————

————————————————— | —————————————————

————————————————— | —————————————————

————————————————— | —————————————————

————————————————— | —————————————————

————————————————— | —————————————————

————————————————— | —————————————————

————————————————— | —————————————————

————————————————— | —————————————————

————————————————— | —————————————————

————————————————— | —————————————————

Receta 56 : ————————————— 🕐 ———

Gente	Vota	Dificultad	Notas

—— ☆☆☆☆☆ **1 2 3 4 5**

🍽 Ingredientes 🥄

_____ _____ | _____ _____ | _____
_____ _____ | _____ _____ | _____
_____ _____ | _____ _____ | _____
_____ _____ | _____ _____ | _____
_____ _____ | _____ _____ | _____

🧂 Preparación   🍴 Direcciones

_____ | _____
_____ | _____
_____ | _____
_____ | _____
_____ | _____
_____ | _____
_____ | _____
_____ | _____

Receta 57 : ⎯⎯⎯⎯⎯⎯⎯⎯⎯⎯ 🕐 ⎯⎯

Gente	Vota	Dificultad	Notas

—— ☆☆☆☆☆ **1 2 3 4 5**

Ingredientes

_____ _____ _____ _____
_____ _____ _____ _____
_____ _____ _____ _____
_____ _____ _____ _____
_____ _____ _____ _____

Preparación   ## Direcciones

Receta 58 : ⏰

Gente	Vota	Dificultad	Notas

—— ☆☆☆☆☆ **1 2 3 4 5**

_____
_____
_____

🤲 Ingredientes 🥄

_____	_____	_____	_____
_____	_____	_____	_____
_____	_____	_____	_____
_____	_____	_____	_____
_____	_____	_____	_____

🖌 Preparación   🍴 Direcciones

Receta 59 : ————————————— 🕐 ———

| Gente | Vota | Dificultad | | Notas |

—— ☆☆☆☆☆   1 2 3 4 5

————————————
————————————
————————————

🫴 Ingredientes 🥄

————————— ——————— ——————— ——————
————————— ——————— ——————— ——————
————————— ——————— ——————— ——————
————————— ——————— ——————— ——————
————————— ——————— ——————— ——————

🔔 Preparación   🍴 Direcciones

————————————— | —————————————
————————————— | —————————————
————————————— | —————————————
————————————— | —————————————
————————————— | —————————————
————————————— | —————————————
————————————— | —————————————
————————————— | —————————————
————————————— | —————————————
————————————— | —————————————
————————————— | —————————————

Receta 60 :

Gente   Vota   Dificultad   Notas

☆☆☆☆☆   **1 2 3 4 5**

Ingredientes

Preparación

Direcciones

Receta 61 :

Gente　　　　Vota　　　Dificultad　　　　　　Notas

———　　　☆☆☆☆☆　　**1 2 3 4 5**

Ingredientes

Preparación

Direcciones

Receta 62 :

Gente   **Vota**   **Dificultad**   **Notas**

———   ☆☆☆☆☆   **1 2 3 4 5**

🥄 Ingredientes 🥄

🔔 Preparación   🍴 Direcciones

Receta 63 : ————————————— 🕐 ——

Gente	Vota	Dificultad	Notas

—— ☆☆☆☆☆ **1 2 3 4 5** ————————
—————————
—————————

🫴 Ingredientes 🥄

—————— ——— | —————— ——— | —————— ———
—————— ——— | —————— ——— | —————— ———
—————— ——— | —————— ——— | —————— ———
—————— ——— | —————— ——— | —————— ———
—————— ——— | —————— ——— | —————— ———

🔔 Preparación   🍴 Direcciones

Receta 64 : ————————————— 🕐 ——

Gente	Vota	Dificultad	Notas

—— ☆☆☆☆☆ **1 2 3 4 5** ———————————

————————————

————————————

🖐 Ingredientes 🥄

————————— | ————————— | —————————

————————— | ————————— | —————————

————————— | ————————— | —————————

————————— | ————————— | —————————

————————— | ————————— | —————————

🔔 Preparación   🍴 Direcciones

————————————— | —————————————

————————————— | —————————————

————————————— | —————————————

————————————— | —————————————

————————————— | —————————————

————————————— | —————————————

————————————— | —————————————

————————————— | —————————————

————————————— | —————————————

Receta 65 : ———————————— 🕐 ———

Gente	Vota	Dificultad	Notas

—— ☆☆☆☆☆ **1 2 3 4 5**

_____

_____

_____

🖐️ Ingredientes 🥄

_____ _____ _____ _____

_____ _____ _____ _____

_____ _____ _____ _____

_____ _____ _____ _____

_____ _____ _____ _____

🥖 Preparación   🍴 Direcciones

_____ _____

_____ _____

_____ _____

_____ _____

_____ _____

_____ _____

_____ _____

_____ _____

_____ _____

_____ _____

_____ _____

Receta 66 :

Gente   Vota   Dificultad   Notas

———   ☆☆☆☆☆   **1 2 3 4 5**

Ingredientes

Preparación

Direcciones

Receta 67 : ───────────────────────── 🕐 ───

Gente	Vota	Dificultad	Notas

☆☆☆☆☆   **1 2 3 4 5**

───────────────────────
───────────────────────
───────────────────────

🥄 Ingredientes 🥄

🔔 Preparación   🍴 Direcciones

Receta 68 :

Gente **Vota** **Dificultad** **Notas**

☆☆☆☆☆ **1 2 3 4 5**

Ingredientes

Preparación

Direcciones

Receta 69 : ———————————— 🕐 ———

Gente	Vota	Dificultad	Notas

—— ☆☆☆☆☆ **1 2 3 4 5** ————————

———————————

———————————

🥄 Ingredientes 🥄

——————— ——— | ————— ——— | ———————— ———

——————— ——— | ————— ——— | ———————— ———

——————— ——— | ————— ——— | ———————— ———

——————— ——— | ————— ——— | ———————— ———

——————— ——— | ————— ——— | ———————— ———

🔪 Preparación   🍴 Direcciones

_____ _____

_____ _____

_____ _____

_____ _____

_____ _____

_____ _____

_____ _____

_____ _____

_____ _____

_____ _____

Receta 70 : —————————————— 🕐 ———

Gente	Vota	Dificultad		Notas

—— ☆☆☆☆☆   **1 2 3 4 5**   —————————
—————————
—————————

🫴 Ingredientes 🥄

———————— ———————— | ————————— ———— | ————————
———————— ———————— | ————————— ———— | ————————
———————— ———————— | ————————— ———— | ————————
———————— ———————— | ————————— ———— | ————————
———————— ———————— | ————————— ———— | ————————

🔔 Preparación   🍴 Direcciones

———————————————— | ————————————————
———————————————— | ————————————————
———————————————— | ————————————————
———————————————— | ————————————————
———————————————— | ————————————————
———————————————— | ————————————————
———————————————— | ————————————————
———————————————— | ————————————————
———————————————— | ————————————————
———————————————— | ————————————————

Receta 71 :

Gente **Vota** **Dificultad** **Notas**

☆☆☆☆☆   1 2 3 4 5

Ingredientes

Preparación

Direcciones

Receta 72 : —————————— 🕐 ———

Gente **Vota** **Dificultad** **Notas**

—— ☆☆☆☆☆ **1 2 3 4 5** ———————

———————

———————

🥄 Ingredientes 🥄

———— ———— | ———— ———— | ———— ————
———— ———— | ———— ———— | ———— ————
———— ———— | ———— ———— | ———— ————
———— ———— | ———— ———— | ———— ————
———— ———— | ———— ———— | ———— ————

🔔 Preparación   🍴 Direcciones

Receta 73 : ———————————— 🕐 ———

Gente	Vota	Dificultad	Notas

—— ☆☆☆☆☆ **1 2 3 4 5** _____

_____

_____

🥄 Ingredientes 🥄

_____ _____ _____

_____ _____ _____

_____ _____ _____

_____ _____ _____

_____ _____ _____

🔪 Preparación   🍴 Direcciones

_____   _____

_____   _____

_____   _____

_____   _____

_____   _____

_____   _____

_____   _____

_____   _____

_____   _____

_____   _____

_____   _____

Receta 74 : ————————————— 🕐 ———

Gente	Vota	Dificultad	Notas

—— ☆☆☆☆☆   **1 2 3 4 5**   _____

_____

_____

🍲 Ingredientes 🥄

_____ ___ _____ ___ _____
_____ ___ _____ ___ _____
_____ ___ _____ ___ _____
_____ ___ _____ ___ _____
_____ ___ _____ ___ _____

🔪 Preparación   🍴 Direcciones

_____ _____
_____ _____
_____ _____
_____ _____
_____ _____
_____ _____
_____ _____
_____ _____
_____ _____
_____ _____

Receta 75 : —————————— 🕐 ——

Gente	Vota	Dificultad	Notas

—— ☆☆☆☆☆ **1 2 3 4 5** ——————

🥗 Ingredientes 🥄

———————— | ———————— | ————————
———————— | ———————— | ————————
———————— | ———————— | ————————
———————— | ———————— | ————————
———————— | ———————— | ————————

🔪 Preparación   🍴 Direcciones

Receta 76 : —————————————————— 🕐 ——

Gente	Vota	Dificultad	Notas

—— ☆☆☆☆☆   **1 2 3 4 5**   ——————————
————————————
————————————

🖐️ Ingredientes 🥄

——————— ——————— | ———————— | ————————
——————— ——————— | ———————— | ————————
——————— ——————— | ———————— | ————————
——————— ——————— | ———————— | ————————
——————— ——————— | ———————— | ————————

🔪 Preparación   🍴 Direcciones

———————————— | ————————————
———————————— | ————————————
———————————— | ————————————
———————————— | ————————————
———————————— | ————————————
———————————— | ————————————
———————————— | ————————————
———————————— | ————————————
———————————— | ————————————
———————————— | ————————————

Receta 77 : ————————————————— 🕐 ——

Gente	Vota	Dificultad	Notas

—— ☆☆☆☆☆ **1 2 3 4 5**

_____

_____

_____

🫲 Ingredientes 🥄

_____ _____ _____ _____

_____ _____ _____ _____

_____ _____ _____ _____

_____ _____ _____ _____

_____ _____ _____ _____

🔪 Preparación

🍴 Direcciones

_____   _____

_____   _____

_____   _____

_____   _____

_____   _____

_____   _____

_____   _____

_____   _____

_____   _____

_____   _____

Receta 78 : ———————————————— 🕐 ———

Gente	Vota	Dificultad	Notas

——— ☆☆☆☆☆ **1 2 3 4 5** ————————————

———————————————

———————————————

🖐️ **Ingredientes** 🥄

—————————— —————————— ——————————

—————————— —————————— ——————————

—————————— —————————— ——————————

—————————— —————————— ——————————

🏷️ **Preparación**   🍴 **Direcciones**

———————————————   ———————————————

———————————————   ———————————————

———————————————   ———————————————

———————————————   ———————————————

———————————————   ———————————————

———————————————   ———————————————

———————————————   ———————————————

———————————————   ———————————————

———————————————   ———————————————

Receta 79 :

Ingredientes

Preparación

Direcciones

Receta 80 :

☆☆☆☆☆   **1 2 3 4 5**

Ingredientes

Preparación

Direcciones

Receta 81 : ———————————————— 🕐 ———

Gente	Vota	Dificultad	Notas

—— ☆☆☆☆☆   **1 2 3 4 5**   ———————

———————

———————

🥄 Ingredientes 🥄

———————— ———— ———————— ———— ———————— ————

———————— ———— ———————— ———— ———————— ————

———————— ———— ———————— ———— ———————— ————

———————— ———— ———————— ———— ———————— ————

———————— ———— ———————— ———— ———————— ————

🔪 Preparación   🍴 Direcciones

—————————————   —————————————

—————————————   —————————————

—————————————   —————————————

—————————————   —————————————

—————————————   —————————————

—————————————   —————————————

—————————————   —————————————

—————————————   —————————————

—————————————   —————————————

—————————————   —————————————

—————————————   —————————————

Receta 82 : _____ 🕐 ____

Gente	Vota	Dificultad	Notas

___ ☆☆☆☆☆ **1 2 3 4 5**

Notas:
_____
_____
_____

🔲 Ingredientes 🔲

_____ _____ _____ _____
_____ _____ _____ _____
_____ _____ _____ _____
_____ _____ _____ _____
_____ _____ _____ _____

🔲 Preparación   🔲 Direcciones

_____   _____
_____   _____
_____   _____
_____   _____
_____   _____
_____   _____
_____   _____
_____   _____
_____   _____
_____   _____
_____   _____

Receta 83 :

Gente **Vota** **Dificultad** **Notas**

☆☆☆☆☆ **1 2 3 4 5**

Ingredientes

Preparación

Direcciones

Receta 84 :

Gente   **Vota**   **Dificultad**   **Notas**

——   ☆☆☆☆☆   **1 2 3 4 5**

Ingredientes

Preparación

Direcciones

Receta 85 : —————————————————— 🕐 ————

Gente	Vota	Dificultad	Notas

—— ☆☆☆☆☆ **1 2 3 4 5** —————————————
—————————————
—————————————

🍚 Ingredientes 🥄

—————————— | ——————————— | ———————————
—————————— | ——————————— | ———————————
—————————— | ——————————— | ———————————
—————————— | ——————————— | ———————————
—————————— | ——————————— | ———————————

🔔 Preparación   🍴 Direcciones

————————————— | —————————————
————————————— | —————————————
————————————— | —————————————
————————————— | —————————————
————————————— | —————————————
————————————— | —————————————
————————————— | —————————————
————————————— | —————————————
————————————— | —————————————
————————————— | —————————————
————————————— | —————————————

Receta 86 :

🕐

Gente	Vota	Dificultad	Notas
———	☆☆☆☆☆	1 2 3 4 5	

🤲 Ingredientes 🥄

_____ _____ _____ _____

_____ _____ _____ _____

_____ _____ _____ _____

_____ _____ _____ _____

_____ _____ _____ _____

🔪 Preparación   🍴 Direcciones

Receta 87 :———————————— 🕐 ———

Gente	Vota	Dificultad	Notas

—— ☆☆☆☆☆ **1 2 3 4 5** ———————

———————

———————

🖐 Ingredientes 🥄

———————— ———————— ———————— ————————

———————— ———————— ———————— ————————

———————— ———————— ———————— ————————

———————— ———————— ———————— ————————

———————— ———————— ———————— ————————

🔖 Preparación   🍴 Direcciones

———————————— ————————————

———————————— ————————————

———————————— ————————————

———————————— ————————————

———————————— ————————————

———————————— ————————————

———————————— ————————————

———————————— ————————————

———————————— ————————————

———————————— ————————————

Receta 88 : —————————————— 🕐 ————

| Gente | Vota | Dificultad | Notas |

—— ☆☆☆☆☆   **1 2 3 4 5**

————————————
————————————
————————————

🖐 Ingredientes 🥄

———— | ———— | ———— | ———— | ————
———— | ———— | ———— | ———— | ————
———— | ———— | ———— | ———— | ————
———— | ———— | ———— | ———— | ————
———— | ———— | ———— | ———— | ————

🔪 Preparación   **🍴 Direcciones**

Receta 89 :

Gente   **Vota**   **Dificultad**   **Notas**

———   ☆☆☆☆☆   **1 2 3 4 5**

Ingredientes

Preparación

Direcciones

Receta 90 :

Gente **Vota** **Dificultad** **Notas**

—— ☆☆☆☆☆ **1 2 3 4 5**

Ingredientes

Preparación

Direcciones

Receta 91 :————————————— 🕐 —

Gente	Vota	Dificultad	Notas

—— ☆☆☆☆☆ **1 2 3 4 5** ——————

————————

————————

🖐 Ingredientes 🥄

————————— | ————————— | —————————

————————— | ————————— | —————————

————————— | ————————— | —————————

————————— | ————————— | —————————

————————— | ————————— | —————————

🍼 Preparación   🍴 Direcciones

————————————— | —————————————

————————————— | —————————————

————————————— | —————————————

————————————— | —————————————

————————————— | —————————————

————————————— | —————————————

————————————— | —————————————

————————————— | —————————————

————————————— | —————————————

————————————— | —————————————

Receta 92 :

Gente   Vota   Dificultad   Notas

———   ☆☆☆☆☆   **1 2 3 4 5**

Ingredientes

Preparación

Direcciones

Receta 93 : ————————————— 🕐 ———

Gente	Vota	Dificultad	Notas

—— ☆☆☆☆☆ **1 2 3 4 5** ———————

———————

———————

🫴 Ingredientes 🥄

———————— ———————— | ———————— ———————— | ———————— ————————

———————— ———————— | ———————— ———————— | ———————— ————————

———————— ———————— | ———————— ———————— | ———————— ————————

———————— ———————— | ———————— ———————— | ———————— ————————

🔪 Preparación   🍴 Direcciones

Receta 94 :—————————————— 🕐 ————

Gente	Vota	Dificultad	Notas

—— ☆☆☆☆☆ **1 2 3 4 5**

🤲 Ingredientes 🥄

_____ _____ _____
_____ _____ _____
_____ _____ _____
_____ _____ _____
_____ _____ _____

🔖 Preparación   🍴 Direcciones

_____ _____
_____ _____
_____ _____
_____ _____
_____ _____
_____ _____
_____ _____
_____ _____
_____ _____
_____ _____

Receta 95 : —————————— 🕐 ———

Gente	Vota	Dificultad	Notas

— ☆☆☆☆☆ **1 2 3 4 5**

_____

_____

_____

🫴 Ingredientes 🥄

_____ | _____ | _____

_____ | _____ | _____

_____ | _____ | _____

_____ | _____ | _____

_____ | _____ | _____

🏷 Preparación   🍴 Direcciones

_____ | _____

_____ | _____

_____ | _____

_____ | _____

_____ | _____

_____ | _____

_____ | _____

_____ | _____

_____ | _____

_____ | _____

_____ | _____

_____ |

Receta 96 : ———————————— 🕐 ———

Gente	Vota	Dificultad	Notas

—— ☆☆☆☆☆ **1 2 3 4 5** ———————

———————

———————

Ingredientes

———— | ———— | ————

———— | ———— | ————

———— | ———— | ————

———— | ———— | ————

———— | ———— | ————

Preparación   Direcciones

————————— | —————————

————————— | —————————

————————— | —————————

————————— | —————————

————————— | —————————

————————— | —————————

————————— | —————————

————————— | —————————

————————— | —————————

Receta 97 : ————————————————— 🕐 ———

Gente	Vota	Dificultad	Notas

——— ☆☆☆☆☆   **1 2 3 4 5**   —————————————

—————————————

—————————————

🖐 Ingredientes 🥄

———————— ——————   ———————— ——————   ———————— ——————

———————— ——————   ———————— ——————   ———————— ——————

———————— ——————   ———————— ——————   ———————— ——————

———————— ——————   ———————— ——————   ———————— ——————

———————— ——————   ———————— ——————   ———————— ——————

🔖 Preparación   🍴 Direcciones

Receta 98 : —————————————— 🕐 ——

Gente	Vota	Dificultad	Notas

—— ☆☆☆☆☆   **1 2 3 4 5**   ————————

————————

————————

🥘 Ingredientes 🥄

———————— ———————— ————————

———————— ———————— ————————

———————— ———————— ————————

———————— ———————— ————————

———————— ———————— ————————

🧂 Preparación   🍴 Direcciones

———————————— ————————————

———————————— ————————————

———————————— ————————————

———————————— ————————————

———————————— ————————————

———————————— ————————————

———————————— ————————————

———————————— ————————————

———————————— ————————————

———————————— ————————————

Receta 99 : ————————————— 🕐 ———

Gente	Vota	Dificultad	Notas

—— ☆☆☆☆☆ **1 2 3 4 5** _____

_____

_____

🫴 Ingredientes 🥄

_____ _____ | _____ _____ | _____ _____
_____ _____ | _____ _____ | _____ _____
_____ _____ | _____ _____ | _____ _____
_____ _____ | _____ _____ | _____ _____
_____ _____ | _____ _____ | _____ _____

🔔 Preparación   🍴 Direcciones

Receta 100 : ———————————————— 🕐 ———

Gente	Vota	Dificultad	Notas

☆☆☆☆☆   **1 2 3 4 5**

🥘 Ingredientes 🥄

_____ _____ _____

_____ _____ _____

_____ _____ _____

_____ _____ _____

_____ _____ _____

🔪 Preparación   ## 🍴 Direcciones

Receta 101 : ——————————————————— 🕐 ———

Gente	Vota	Dificultad	Notas

—— ☆☆☆☆☆ **1 2 3 4 5**

_____

_____

_____

🥄 Ingredientes 🥄

_____ _____ _____ _____ _____

_____ _____ _____ _____ _____

_____ _____ _____ _____ _____

_____ _____ _____ _____ _____

_____ _____ _____ _____ _____

🔔 Preparación   🍴 Direcciones

_____   _____

_____   _____

_____   _____

_____   _____

_____   _____

_____   _____

_____   _____

_____   _____

_____   _____

_____   _____

Receta 102 : ——————————— 🕐 ——

Gente	Vota	Dificultad	Notas

—— ☆☆☆☆☆ **1 2 3 4 5**

————————————
————————————
————————————

🫴 Ingredientes 🥄

————————— | —————————— | ——————————
————————— | —————————— | ——————————
————————— | —————————— | ——————————
————————— | —————————— | ——————————
————————— | —————————— | ——————————

🪄 Preparación   🍴 Direcciones

————————————— | —————————————
————————————— | —————————————
————————————— | —————————————
————————————— | —————————————
————————————— | —————————————
————————————— | —————————————
————————————— | —————————————
————————————— | —————————————
————————————— | —————————————
————————————— | —————————————

Receta 103 : ⎯⎯⎯⎯⎯⎯⎯⎯⎯ 🕐 ⎯⎯⎯

Gente	Vota	Dificultad	Notas

—— ☆☆☆☆☆   **1 2 3 4 5**

🫓 Ingredientes 🥄

🔪 Preparación   🍴 Direcciones

Receta 104 : _____ 🕐 ___

Gente	Vota	Dificultad	Notas

___ ☆☆☆☆☆ **1 2 3 4 5** _____

_____

_____

🖐 Ingredientes 🥄

_____ _____ _____ _____ _____

_____ _____ _____ _____ _____

_____ _____ _____ _____ _____

_____ _____ _____ _____ _____

_____ _____ _____ _____ _____

🧤 Preparación   🍴 Direcciones

_____ _____

_____ _____

_____ _____

_____ _____

_____ _____

_____ _____

_____ _____

_____ _____

_____ _____

_____ _____

_____

Receta 105 : ———————————————— 🕐 ————

Gente	Vota	Dificultad	Notas

—— ☆☆☆☆☆ **1 2 3 4 5** ———————————

———————————

———————————

🤲 Ingredientes 🥄

———————— ———————— ———————— ————————

———————— ———————— ———————— ————————

———————— ———————— ———————— ————————

———————— ———————— ———————— ————————

———————— ———————— ———————— ————————

🔪 Preparación   🍴 Direcciones

———————————— ————————————

———————————— ————————————

———————————— ————————————

———————————— ————————————

———————————— ————————————

———————————— ————————————

———————————— ————————————

———————————— ————————————

———————————— ————————————

———————————— ————————————

———————————— ————————————

Receta 106 : ———————————— 🕐 ————

Gente	Vota	Dificultad	Notas

——— ☆☆☆☆☆ **1 2 3 4 5**

_____
_____
_____

🖐️ Ingredientes 🥄

_____ _____ | _____ _____
_____ _____ | _____ _____
_____ _____ | _____ _____
_____ _____ | _____ _____
_____ _____ | _____ _____

🏷️ Preparación   🍴 Direcciones

_____ | _____
_____ | _____
_____ | _____
_____ | _____
_____ | _____
_____ | _____
_____ | _____
_____ | _____
_____ | _____
_____ | _____

Receta 107 : ———————————————— 🕐 ——

Gente	Vota	Dificultad	Notas

—— ☆☆☆☆☆ **1 2 3 4 5**

_____
_____
_____

🍽 Ingredientes 🥄

_____ | _____ | _____
_____ | _____ | _____
_____ | _____ | _____
_____ | _____ | _____
_____ | _____ | _____

🔪 Preparación   🍴 Direcciones

_____ | _____
_____ | _____
_____ | _____
_____ | _____
_____ | _____
_____ | _____
_____ | _____
_____ | _____
_____ | _____
_____ | _____
_____ | _____

Receta 108 : ——————————————————— 🕐 ———

Gente	Vota	Dificultad	Notas

—— ☆☆☆☆☆ **1 2 3 4 5**

🥗 Ingredientes 🥄

🔔 Preparación

🍴 Direcciones

Receta 109 : —————————————————————— 🕐 ———

Gente	Vota	Dificultad	Notas

—— ☆☆☆☆☆ **1 2 3 4 5**

🥘 Ingredientes 🥄

🔔 Preparación   🍴 Direcciones

Receta 110 : ———————————————————— 🕐 ——

Gente	Vota	Dificultad	Notas
——	☆☆☆☆☆	1 2 3 4 5	

🫴 Ingredientes 🥄

_____ _____ | _____ _____ | _____
_____ _____ | _____ _____ | _____
_____ _____ | _____ _____ | _____
_____ _____ | _____ _____ | _____

🔪 Preparación   🍴 Direcciones

_____ | _____
_____ | _____
_____ | _____
_____ | _____
_____ | _____
_____ | _____
_____ | _____
_____ | _____
_____ | _____

CPSIA information can be obtained
at www.ICGtesting.com
Printed in the USA
BVHW062008190521
607713BV00010B/947